KOLLIN — AUSTERLITZ
SAINT-PRIVAT — LEUTHEN

ÉTUDE COMPARÉE

PAR

le Commandant BONNET DES TUVES

PARIS

LIBRAIRIE MILITAIRE DE L. BAUDOIN

IMPRIMEUR-ÉDITEUR

30, Rue et Passage Dauphine, 30

1893

KOLLIN – AUSTERLITZ
SAINT-PRIVAT – LEUTHEN

ÉTUDE COMPARÉE

PARIS. — IMPRIMERIE L. BAUDOIN, 2, RUE CHRISTINE.

KOLLIN — AUSTERLITZ
SAINT-PRIVAT — LEUTHEN

ÉTUDE COMPARÉE

PAR

le Commandant BONNET DES TUVES

PARIS

LIBRAIRIE MILITAIRE DE L. BAUDOIN

IMPRIMEUR-ÉDITEUR

30, Rue et Passage Dauphine, 30

1893

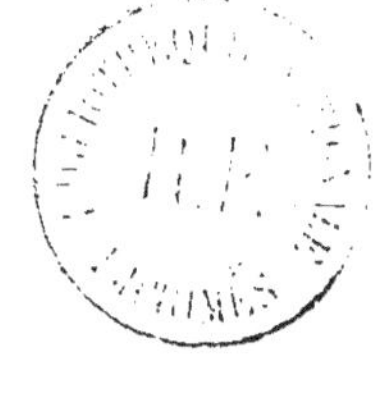

KOLLIN. — AUSTERLITZ.
SAINT-PRIVAT. — LEUTHEN.

ÉTUDE COMPARÉE.

KOLLIN.

J'ai, dans une étude précédente (avril 1891), comparé les batailles d'Iéna et de Mars-la-Tour; j'ai fait ressortir la similitude des mouvements et la différence des résultats. Tandis que Napoléon, après avoir franchi la Saale et les défilés rapides qui conduisent sur le plateau, arrivait à former sa ligne perpendiculairement à la ligne de bataille du prince de Hohenlohe, l'armée prussienne en 1870 venait, après avoir franchi la Moselle et les défilés de Gorze, prendre devant l'armée du maréchal Bazaine la position du prince de Hohenlohe devant Napoléon. La bataille du 16 août 1870 présenta les mêmes phases que celle du 14 octobre 1807. Il n'y eut de changé que le résultat final. C'est ainsi qu'un capitaine incapable, à qui la Fortune prodigue donnait l'occasion d'un triomphe éclatant, ne sut pas cueillir les lauriers qui lui étaient offerts et ne sut pas même garder le champ de bataille là où Napoléon conquérait un empire.

Continuant la donnée de ce travail, j'ai pour objet aujourd'hui de comparer les quatre batailles de Kollin, d'Austerlitz, de Saint-Privat et de Leuthen. On trouvera dans ces batailles des ressemblances non moins remarquables, et l'on s'expliquera les motifs de la diversité des résultats.

La première présente une marche de flanc occasionnant la perte de la bataille sans aucun effort de la part de l'ennemi; la seconde une marche de flanc amenant un désastre, parce que l'adversaire répond par la manœuvre juste ; la troisième une marche de flanc amenant la victoire par l'incurie criminelle du général ennemi ; enfin, la quatrième, une marche de flanc correctement exécutée, amenant une victoire éclatante contre un ennemi supérieur en nombre.

La bataille de Kollin fut livrée par le roi de Prusse le 18 juin 1757. Elle a été racontée successivement par Frédéric le Grand, par Loyet, par Tempelhof, par Napoléon et par Jomini. Toutes les relations en sont très concordantes, sauf sur un point. Nous nous bornerons ici à reproduire en peu de mots la relation de Frédéric le Grand.

L'armée prussienne, divisée en quatre corps, franchit les défilés de la Bohème les 20 et 21 avril. Les quatre colonnes, séparées entre elles par des distances considérables et des obstacles nombreux, échappèrent aux périls de cette division. Les corps de droite, commandés par le prince Maurice et par le roi, se réunirent à Loschtitz et forcèrent les commandants autrichiens, le maréchal Brown et le duc d'Aremberg, à rétrograder sur Prague.

Le IIIe corps prussien, commandé par le prince de Bevern, fut arrêté dans les montagnes par son adversaire, le comte de Königseu. Mais pendant ce temps le IVe corps prussien, commandé par le maréchal Schwerin, avait passé à l'extrème gauche de la ligne prussienne le défilé de Trautenau sans y trouver d'adversaires et marchait sur Brandeis, ville située à l'est de Prague. Le comte de Königseu, informé des progrès de l'armée prussienne, qui menaçait sa ligne de retraite, abandonna sa position dans les montagnes et rétrograda sur Prague, suivi par le prince de Bevern. Le roi de Prusse, ayant alors toute son armée dans la main, résolut d'attaquer.

Le duc Charles de Lorraine vint prendre à Prague le commandement des Impériaux. Les deux adversaires étaient dignes l'un de l'autre. Ils se livrèrent le 4 mai, sous les murs de Prague, une sanglante bataille où le duc de Lorraine fut complètement battu. Le roi forma immédiatement le blocus de Prague.

Le blocus était à peine fermé sur les deux rives de la Moldau qu'il fut menacé par l'arrivée de 60,000 hommes, commandés par le maréchal Daun. Celui-ci apprit le 7 mai le désastre du duc Charles de Lorraine, s'arrêta quelques jours pour recueillir quelques troupes autrichiennes qui avaient échappé au blocus, et rétrograda ensuite jusqu'à Kollin, où il établit son camp. Le prince de Bevern, détaché de l'armée de siège, vint s'établir en face de lui.

Frédéric, jugeant ce prince en péril devant les forces supérieures du maréchal Daun, se porta à son secours avec des troupes tirées de l'armée de siège. Il rencontra celles du prince de Bevern, qui, attaquées par le maréchal Daun, avait été contraintes à rétrograder. Le roi voulut s'emparer de Swoyschitz; mais à peine s'était-il mis en marche qu'il vit l'armée du maréchal Daun y prendre position. Il dut changer ses dispositions; il campa la gauche à Planian, la droite à Kaurzim, qui était à peu près le centre de la position autrichienne. Les deux armées se trouvaient donc dans la position suivante :

L'armée de Daun, venant de Kollin, situé à 45 kilomètres à l'est de Prague, faisait face à l'ouest. Sa droite était appuyée sur la grande route de Kollin à Prague, son centre à Kaurzim et sa gauche se prolongeant vers le sud dans la direction de Zasmuk.

A 15 kilomètres environ de sa droite se trouvait la route de Nimbourg et Brandeis à Prague, route à peu près parallèle à celle de Kollin. Or, c'était de Brandeis et de Nimbourg que l'armée de siège tirait ses vivres.

Le roi campa aux environs de Planian, parallèlement à l'armée autrichienne; mais sa droite, aboutissant comme nous l'avons dit à Kaurzim, vers le centre de la position autrichienne, et la gauche se prolongeant sur la direction de Nimbourg, où se trouvaient ces magasins si précieux.

Dans cette position, le roi avait le choix entre deux opérations : s'il appuyait à droite et attaquait le maréchal Daun dans sa position, il couvrait le blocus de Prague; mais il compromettait la ligne de magasins qui étaient sur une ligne parallèle à la route suivie par le maréchal Daun; s'il se glissait entre les deux routes de Nimbourg et de Kollin à Prague pour se former parallèlement à leur direction, il couvrait les magasins, mais il découvrait le blocus.

Frédéric se décida pour un moyen terme, il résolut d'attaquer le maréchal Daun sur sa droite vers le point où elle s'appuyait sur la route de Kollin. Son armée défila vers la gauche par la route de Kollin, pour attaquer la droite autrichienne. On n'aperçut d'abord que quelques vedettes, mais le jour étant venu on vit que l'armée autrichienne avait changé de position, qu'elle avait pivoté en arrière sur son aile droite et qu'elle faisait face à la route de Kollin, la gauche à Brzesan du côté de Prague, le centre à Chotzenitz et Brzissi et la droite à Krzeczor, du côté de Kollin. Elle occupait une série de hauteurs, formant une ligne concave dont la route de Prague à Kollin était la corde. Les deux extrémités de la courbe étaient à 800 mètres environ de la route, et la concavité à 1600 mètres.

C'était le cas pour le roi de marcher sur la gauche autrichienne postée à Brzesan, ayant ainsi sa ligne formée perpendiculairement à celle de l'ennemi. Mais il jugea la position trop forte, et voyant que le terrain était plus abordable du côté de Krzeczor, il conçut le projet de défiler avec toute son armée devant le front de l'ennemi pour aller attaquer son aile droite. Il fallait en ce point enlever une hauteur, celle de Kudlierz, puis un cimetière garni de Croates, et, enfin, se diriger vers Radovesnitz placé au sud de Krzeczor sur les derrières du maréchal Daun.

« Mais, dit le roi, pour soutenir cette attaque il fallait la nourrir de toute l'infanterie qui se trouvait dans l'armée prussienne; par cette raison, le roi se proposa de refuser entièrement sa droite aux ennemis et défendit sévèrement aux officiers qui la composaient de dépasser le grand chemin de Kollin, ordre d'autant plus sensé que la partie de l'armée autrichienne placée vis-à-vis de cette droite occupait une position inexpugnable. »

Par cette disposition, le roi faisait exécuter une marche de flanc devant une armée en position et découvrait complètement le blocus de Prague. Il couvrait, il est vrai, Brandeis et Nimbourg; mais ces deux villes ne contenaient pas tous ses magasins. Il valait mieux les perdre et conserver la possibilité de rétrograder sur Prague où il aurait trouvé en cas d'échec des renforts et des approvisionnements.

Une auberge qui se trouvait sur la route de Kollin près de Planian, et d'où l'on apercevait toute l'armée ennemie, fut le point où le roi donna ses instructions aux généraux et d'où il veilla lui-même à l'exécution du changement de direction.

L'avant-garde, commandée par M. de Hulsen, était forte de sept bataillons et de quatorze pièces d'artillerie. Des vingt et un bataillons restant, six formèrent la seconde ligne et les quinze autres la première. Cette première ligne suivait la grande route de Kollin ; la seconde marchait dans les champs à gauche de la première. Les Autrichiens, placés sur les hauteurs formant un demi-cercle à droite de cette direction, suivaient de l'œil tout le mouvement.

Pendant ce temps, les Autrichiens avaient envoyé M. de Madasty, avec quarante escadrons, couper la route sur Kollin. Une portion de la cavalerie prussienne précédait l'infanterie de M. de Hulsen. Enlevée par le général Ziethen, elle aborda si vigoureusement les escadrons de Madasty qu'ils s'enfuirent sur Kollin, et on ne les revit plus de la journée.

M. de Hulsen, ayant alors dépassé la droite de l'ennemi, attaqua vigoureusement le village et le cimetière de Krzeczor. Il parvint à s'en rendre maître après un combat opiniâtre. Il eût eu besoin de secours pour poursuivre son succès, mais il n'en vint pas. En voici les motifs :

Dès que M. de Hulsen eut appuyé pour tourner la droite, le prince Maurice forma la première ligne ; mais il le fit trop loin, à environ mille pas de la hauteur. Il se produisit un vide que le roi combla avec les bataillons de la deuxième ligne. Pendant cette opération, il entendit des coups de feu sur sa droite, qu'il ne voulait pas engager. Il y courut. Le général Manstein, incommodé par le feu des Croates qui arrivait jusques à la route, avait ordonné à un bataillon d'enlever le petit village qu'ils occupaient à droite de la direction suivie. Le mal n'eût pas été grand s'il avait prévenu les bataillons suivants de ce qu'il voulait faire. Mais il n'en fit rien, et ceux-ci voyant un bataillon faire un à-droite comprirent que le moment était venu d'en faire autant ; ils imitèrent donc le bataillon, et toute la droite de l'armée s'arrêta. Les bataillons qui précédaient celui arrêté par le général Manstein continuèrent à marcher, et il se produisit un vide que Frédéric ne put combler, car il n'avait pas de réserve. Quelques escadrons de cavalerie qu'il y employa ne purent tenir.

Pendant ce temps, M. de Hulsen continuait à tenir sur la position emportée ; mais le nombre des combattants diminuait toujours ; enfin, le maréchal Daun dirigea sur lui les cuirassiers saxons de Nostitz qui, l'attaquant sur ses derrières, le forcèrent à se retirer.

Le reste de l'armée ne put arriver à enlever les positions ennemies protégées par des villages, des champs cultivés et vaillamment défendues. Elle fut coupée de l'avant-garde et le roi dut battre en retraite, ayant perdu, dit-il, huit mille hommes de sa meilleure infanterie et seize pièces de canon. Il courut à Prague faire lever le blocus. Ses pertes étaient plus fortes qu'il ne l'avoue.

Napoléon a jugé ainsi ces opérations :

« Le projet du roi de prendre position à Kollin, à quatorze lieues de Prague, le mettait hors d'État d'être secouru dans une marche par une partie de l'armée de blocus et *vice versâ*.

« A la bataille de Kollin, il est difficile de justifier sa prétention de tourner la droite de Daun en faisant une marche de flanc de 3,000 toises à 500 toises des hauteurs que couronnait l'armée ennemie. C'est une opération si téméraire, si contraire aux principes de la guerre ! Ne faites pas de marche de flanc devant une armée en position, surtout lorsqu'elle occupe les hauteurs au pied desquelles vous devez défiler. »

S'il eût attaqué la gauche de l'armée autrichienne, il était parfaitement placé pour cela; mais défiler sous la mitraille et la mousqueterie de toute une armée qui occupe une position culminante, pour déborder l'aile opposée, c'est supposer que cette armée n'a ni canons ni fusils. Des auteurs prussiens ont dit que cette manœuvre n'a manqué que par l'impatience d'un chef de bataillon, qui, fatigué du feu des tirailleurs autrichiens, avait commandé à droite en bataille et engagé ainsi toute la colonne. Cela est inexact. Le roi était présent; tous les généraux connaissaient ses projets, et, de la tête à la queue, la colonne n'avait pas 2,000 toises. Le mouvement qu'a fait l'armée prussienne lui était commandé par le premier des intérêts : la nécessité de son salut; l'instinct de tout homme de ne pas se laisser tuer sans se défendre.

Napoléon ajoute plus loin : « Les partisans de l'ordre oblique admirent la manœuvre du roi à Kollin, et quoiqu'elle lui ait fait perdre la bataille, la moitié de son armée et deux cents pièces de canon, ce qui l'a obligé de lever le siège de Prague et d'évacuer la Bohême, ils n'en persistent pas moins dans leur engouement. Rien ne peut leur dessiller les yeux. La perte de la bataille de Kollin est due à la violation du premier des principes dont nous avons parlé plus haut : « Ne faites jamais de marche de flanc devant une « armée en position. » Si Frédéric avait eu affaire à un autre général que Daun, qui resta douze jours dans son camp à chanter des *Te Deum,* il eût cruellement senti les conséquences de la violation du principe d'abandonner sa ligne d'opérations. Ses débris n'eussent jamais rejoint ni ses magasins ni l'armée devant Prague. Il ne s'en fût jamais relevé.

« A la bataille de Rosbach, le prince de Soubise s'imagina de singer l'ordre oblique. Il fit une marche devant la position du roi. Les résultats sont assez connus. Frédéric à Kollin ne perdit que son armée ; Soubise à Rosbach perdit son armée et l'honneur. »

Jomini porte le même jugement sur ces opérations. Il relève, en outre, une erreur sans doute volontaire commise par le roi et les auteurs prussiens dans le récit de la bataille. Tous attribuent, en effet, l'échec de la droite aux positions inexpugnables occupées par l'ennemi. Ils parlent de hauteurs escarpées et infranchissables, de chemins impraticables, de rochers à pic, de broussailles impénétrables. La vérité est qu'il n'y avait rien de tout cela. Le terrain ne présente que des ondulations molles, parfaitement praticables à toutes les armes. Il reste donc bien acquis que la perte de la bataille fut due à la marche de flanc faite à la vue de l'ennemi en position. Cette marche amena la séparation de l'avant-garde de M. de Hulsen d'avec le reste de l'armée, et finalement la destruction du centre. Si celui-ci se fût montré plus actif, d'autres revers eussent suivi la violation du deuxième principe : « N'abandonnez jamais de gaieté de cœur votre ligne d'opérations. »

AUSTERLITZ.

La campagne de 1805 avait en quelques jours amené pour
l'Autriche les résultats les plus désastreux. L'empereur d'Autriche avait été obligé d'abandonner sa capitale. Ses armées, dis-
persées dans le Tyrol, en Italie, en Bohême ne pouvaient réunir
leurs forces. Il n'avait plus d'espoir que dans l'armée russe, unie
à quelques débris échappés d'Ulm. Napoléon, victorieux, s'était
établi aux environs de Brünn, et montrant alors une sagesse
qu'il oublia plus tard, attendait là son ennemi au lieu de courir
à sa rencontre et d'allonger une ligne d'opérations déjà bien
longue.

Dès le 27 novembre, Napoléon, prévoyant la bataille pro-
chaine, donnait ses ordres sur la formation à prendre. Bien que
cet ordre n'ait qu'un lien indirect avec le sujet de cette étude, je
crois devoir le citer, pour montrer que dès lors on avait sur les
lignes de tirailleurs, les soutiens et les réserves, les mêmes idées
qu'aujourd'hui, mises sous des termes moins savants et plus
intelligibles.

« Brünn, le 5 frimaire an xiv (26 nov. 1805). — A MM. les maréchaux Soult et Bernadotte. L'Empereur me charge de vous
communiquer, Monsieur le maréchal, ses idées sur l'ordre de
bataille qu'il faut prendre vis-à-vis des Russes ; cet ordre de
bataille devra, autant que faire se pourra, être pris de la manière
suivante :

« Chaque brigade, son 1er régiment en bataille ; le 2e régiment
en colonne serrée par division ; le 1er bataillon à la droite et en
arrière du 1er bataillon du 1er régiment ; le 2e bataillon à gauche
et en arrière du 2e bataillon.

« L'artillerie dans l'intervalle des deux bataillons qui sont en
bataille et quelques pièces à droite et à gauche.

« Si la division a un 5e régiment, il devra être en réserve à cent
pas en arrière ; un escadron ou au moins une division de cavalerie derrière chaque brigade pour pouvoir passer par les intervalles, poursuivre l'ennemi, s'il était rompu, et faire face aux
cosaques.

« Dans cet ordre de bataille, vous vous trouverez dans le cas
d'opposer à l'ennemi le feu de la ligne et des colonnes serrées

toutes formées pour opposer aux siennes. — Le major-général, Berthier. »

Outre la formation de l'infanterie, si conforme aux idées actuelles, cet ordre montre que Napoléon savait apprécier les services que rendent les escadrons isolés qu'on peut enlever à la charge sans longs préparatifs et qui, par la rapidité de leur action, peuvent toujours profiter de l'instant si fugitif favorable à la charge. Gouvion-Saint-Cyr a répété maintes fois qu'un seul escadron de hussards ainsi isolé a rendu plus de services que toute une division de cavalerie.

Le lendemain du jour où Napoléon donnait cette instruction à ses maréchaux, l'armée alliée quittait les cantonnements d'Olmütz et se portait en avant en cinq colonnes, marchant sur trois routes à peu près parallèles. Les deux premières colonnes, formant l'aile droite, suivaient le pied des hauteurs qui séparent la Schwartza de la March. La troisième colonne, formant le centre, suivait la grande route d'Olmütz à Brünn en se tenant un peu en arrière de l'aile droite. Enfin, les deux dernières colonnes constituant l'aile gauche marchaient à gauche et un peu en arrière du centre. En avant de la colonne du centre marchait l'avant-garde, composée de 19 bataillons et de 65 escadrons, commandés par le prince Bagration.

Les Français occupaient sur la route d'Olmütz à Brünn le village de Wischau, au moyen d'une petite avant-garde. La cavalerie du prince Murat était à quelques lieues, en arrière de Raunitz ; le corps du maréchal Soult était à Austerlitz, à quelques lieues sur la droite de la grande route de Brünn à Olmütz. A Brünn même se trouvaient la garde impériale, les grenadiers d'Oudinot et le corps du maréchal Lannes, qui allaient devenir le noyau de la concentration. Le maréchal Bernadotte était à Iglau et Deutschbrod à deux marches au nord de Brünn, sur les frontières de la Bohême. En arrière du noyau central se trouvaient le maréchal Davout avec la division Friant sur la route de Brünn, et la division Gudin à Presbourg. Le mouvement des Russes allait trouver l'armée française dans cette disposition.

Le prince Bagration avait l'ordre de ne pas attaquer, afin de masquer le mouvement qui s'exécutait derrière lui. Mais le général en chef Kutusoff s'étant rendu sur les lieux, encouragé par l'inaction des Français, ordonna d'attaquer Wischau, occupé par la brigade de cavalerie Treilhard, formant notre extrême avant-garde. Celle-ci se replia, comme elle en avait reçu l'ordre, mais pas assez vite pour empêcher une centaine de dragons de tomber entre les mains de l'ennemi. La retraite du détachement sur Raunitz fut protégée par un parti de cavalerie que Murat envoya en avant. Les deux armées étaient en contact. Les ordres de l'Empereur ne se font pas attendre :

« Brünn, le 7 frimaire an xiv (28 nov. 1805), 7 h. du soir. — Le major général au général Caffarelli. Il est ordonné au général Caffarelli de mettre à l'ordre de la division que l'on prépare les armes, que l'on se munisse de cartouches, qu'il y aura une grande bataille. Il parlera à ses généraux de brigade et à ses colonels et il se mettra en marche avec sa division à 1 heure du matin. Il marchera en guerre, sans traînards, avec son artillerie et sans aucune espèce de bagages. Il sera rendu demain 8, avec sa division, à 6 heures du matin, à Brünn, et il continuera sur-le-champ sa route sur celle d'Olmütz. Il enverra près de moi un aide de camp pour lui faire connaître la position à occuper.

« Il est probable qu'à 8 heures du matin l'action sera vigoureusement engagée. — Le maréchal Berthier, par ordre de l'Empereur. »

« Brünn, le 7 frimaire an xiv, 8 h. du soir. Le major général à M. le maréchal Bernadotte. — Il est ordonné à M. le maréchal Bernadotte de faire diriger le plus promptement possible son avant-garde sur Brünn ; il lui est ordonné de se mettre lui-même en marche avec ses troupes, sans perdre un moment, pour arriver le plus tôt possible à Brünn. Il enverra près de moi, et à l'avance, un de ses aides de camp me faire connaître l'arrivée successive des troupes et connaître la position qu'il devra occuper au delà de Brünn.

« Le maréchal Bernadotte préviendra son armée qu'il y aura bataille au delà de Brünn demain ou après. Il fera mettre les fusils en état, aura des cartouches ; son artillerie marchera en guerre et il prendra du pain ce qu'il pourra. — Le maréchal Berthier, par ordre de l'Empereur. »

Des ordres analogues sont envoyés aux maréchaux Davout et Mortier et aux généraux Boyer et Marmont, sur la route d'Illyrie.

Ces ordres étaient à peine expédiés et l'Empereur prêt à monter à cheval pour reconnaître l'ennemi, que le duc de Rovigo, arrivant d'Olmütz, où il avait été envoyé en parlementaire, lui annonça qu'il était en présence de toute l'armée russe; ce qui fut confirmé par le rapport du maréchal Soult. Des hauteurs d'Austerlitz, qu'occupait ce dernier, on apercevait en effet toute l'armée ennemie en arrière de Wischou, disposée sur sept lignes, indépendamment de l'avant-garde et de la réserve. Napoléon était trop prudent pour engager une bataille sans avoir concentré son armée. Il donna immédiatement au maréchel Soult l'ordre de la retraite. Le lendemain 29, au point du jour, il plaça lui-même son armée. A 8 heures du matin tous les corps étaient placés et la retraite finie. Napoléon établit son quartier général dans une mauvaise grange, appelée Gandio, sur le plateau, en arrière du hameau de Kritschen et à gauche de la route d'Olmütz.

Si l'armée alliée avait marché vivement, Napoléon n'eût pu accepter la bataille dans cette position; son intention était dans ce cas de rétrograder sur Brünn, afin de donner à toutes ses troupes le temps d'arriver. La retraite de Murat et du maréchal Soult eût dû précipiter le mouvement de l'ennemi en inspirant au général Kutusoff plus de hardiesse. La jeune noblesse russe qui entourait Alexandre témoignait la plus folle confiance. Kutusoff, quoique plus prudent, se laissait aussi gagner en voyant l'attitude timide de son redoutable adversaire. Il conçut le dessein de le couper de la route de Vienne. A cet effet, il se porta à la gauche de la direction suivie d'Olmütz à Brünn. Sa droite, qui était la plus avancée à droite de la grande route, obliqua à gauche et, passant devant la troisième colonne qui était sur la route d'Olmütz, vint prendre position sur le plateau de Pratzen, abandonné par le maréchal Soult. La première colonne, de vingt-quatre bataillons, aux ordres du général Doctoroff, se rangea sur deux lignes aux environs d'Austériadek, avec un détachement dans le village d'Augezd. La deuxième colonne (18 bataillons, général Langeron) se forma à sa droite. La troisième colonne, quittant à son tour la route d'Olmütz à Brünn, appuya à gauche et vint se former à droite des deux autres, près de Pratzen (18 bataillons).

La 4e colonne (27 bataillons, général Kollowrath) se plaça en arrière de la 3e ; la 5e (82 escadrons, prince de Liechtenstein) se forma en arrière des 3e et 4e. Le corps de réserve du grand-duc (10 bataillons, 18 escadrons) sur les auteurs en avant d'Austerlitz, la droite à la route de Brünn. L'avant-garde du prince Bagration s'étendait à la droite jusqu'au pied des montagnes. Enfin, le général Kienmayer, avec 5 bataillons et 32 escadrons, dut se placer en avant de la 1re colonne, au-dessous d'Augezd. Ainsi placée, l'armée russe présentait sur les hauteurs de Pratzen le front de ses 1re, 2e et 3e colonnes, la 1re colonne à gauche. En avant de la 1re colonne et dans le fond du ravin se trouvait le général Kienmayer. Derrière la 3e colonne, qui formait la droite du front, s'échelonnaient la 4e colonne et la cavalerie du prince de Liechtenstein. Plus en arrière, la réserve occupait Austerlitz, étendait sa droite jusqu'à la route de Brünn, et le prince de Bagration s'étendait jusqu'aux montagnes. Ce mouvement se fit d'une façon assez lente et ne fut terminé que le 1er décembre.

Pendant ce temps, Napoléon, immobile en apparence, activait la marche de Bernadotte et du maréchal Davout. Il n'avait en ce moment que la garde, le corps de Lannes, augmenté de la division Caffarelli, la cavalerie de Murat et le corps du maréchal Soult. Il y avait à gauche de la grande route de Brünn à Olmütz, une petite éminence, où les Turcs avaient autrefois élevé le tombeau d'un saint musulman, et qui portait le nom de Santon. Napoléon la choisit pour point d'appui de sa gauche, l'arma d'une puissante artillerie et en confia la défense au 17e léger et au général Claparède. Il exigea des défenseurs le serment de défendre ce point jusqu'à la mort.

Sa ligne de bataille partant de ce point solide traversait perpendiculairement la grande route et s'étendait au pied des hauteurs de Pratzen, suivant le cours du Goldbach, petit ruisseau sur lequel se trouvent les villages de Girchicowitz, Kobelnitz, Sokolnitz et Telnitz. La ligne se terminait aux étangs de Mönitz. Couverte par des bouquets de bois, des villages formant de petits défilés, entremêlés de petits étangs marécageux, elle cachait complètement l'armée française aux vues de l'ennemi. Le 30 novembre, l'Empereur se rendit sur le plateau de Pratzen, où les coureurs ennemis commençaient à pénétrer. Il s'avança assez loin, si bien que le piquet d'escorte fut chargé par eux.

Parcourant cette belle position, il s'arrêta un instant et dit : « Si je voulais empêcher l'ennemi de tourner ma droite, je me placerais sur ces belles hauteurs, où je n'aurais qu'une bataille ordinaire. J'aurais l'avantage du poste. Mais outre que je pourrais courir les risques d'un engagement sérieux le 1er, l'ennemi nous voyant à découvert ne commettrait que des fautes de détail. Avec des généraux peu experts dans la grande guerre, il faut profiter des fautes capitales. »

Il ajoutait un moment plus tard : « Si je refuse ma droite en la retirant vers Brünn et que les Russes abandonnent ces hauteurs, ils sont perdus sans ressource. »

Pleins de confiance, les Alliés commencèrent leur mouvement de flanc en plein jour. Napoléon, prévenu par la cavalerie du général Margaron, put le voir du haut de la butte que surmontait la grange de Gandio. Jusqu'à ce jour, Napoléon avait tenu ses troupes en arrière des défilés et du ruisseau du Goldbach, tout prêt à la retraite, tant qu'il n'était pas rejoint par Bernadotte et tant que les Alliés ne commettraient pas de faute. Mais en ce moment même où il les voyait entamer leur mouvement de flanc, les premières troupes de Bernadotte arrivaient. On annonçait que le maréchal Davout arriverait dans la nuit occuper l'abbaye de Raygern, à notre extrême droite. L'Empereur, en proie à une joie indicible, suivant ses propres termes, rentra dicter sa fameuse proclamation, dans laquelle il révélait avec une audacieuse confiance le secret de la bataille : « Pendant qu'ils marcheront pour tourner ma droite, ils me prêteront le flanc. »

La route de Vienne à Olmütz se dirige d'abord vers le nord-est. Arrivée à Brünn, elle se courbe brusquement sur l'est pour marcher sur Olmütz. Napoléon, se trouvant placé dans l'angle de ces deux directions, paraissait pouvoir être coupé de Vienne, si les Russes parvenaient à tourner sa droite. Par sa position resserrée, par ses allures timides, il leur en avait inspiré la pensée.

Il semble qu'en agissant ainsi, Napoléon contrevenait au principe qu'il affirme n'avoir jamais été violé en vain : « N'abandonnez jamais de gaîté de cœur votre ligne de retraite. » Mais Napoléon était trop habile et trop prévoyant pour commettre une faute pareille. Dans le cas où sa droite eût cédé, l'ennemi aurait trouvé devant lui le corps de Mortier qui occupait Vienne, celui de Marmont qui arrivait d'Illyrie, tandis que Napoléon, prenant position autour de Brünn, sur un emplacement reconnu d'avance, manœuvrerait sur le flanc de l'armée alliée.

Sa témérité n'était donc qu'apparente. Après avoir dicté sa proclamation, il donna ses ordres pour la journée du lendemain qui devait être l'une des plus mémorables du siècle.

Le lendemain, le jour commençait à poindre, que l'armée était en position, cachée aux vues de l'ennemi par un brouillard épais. Les maréchaux étaient à cheval autour de l'Empereur, attendant ses ordres. La ligne était formée de la façon suivante :

A gauche de la route d'Olmütz, le Santon occupé par le 17ᵉ léger et couvert par une puissante artillerie, à la droite de la route, les divisions Suchet et Caffarelli, sous les ordres du maréchal Lannes. Entre Lannes et Bernadotte, formant le centre, était toute la cavalerie du prince Murat. Au centre, le maréchal Bernadotte avec les divisions Drouet et Rivaud, en face de Girzikowitz ; à la droite, le maréchal Soult, en face de Pratzen et de Kobelnitz, avec les divisions Vandamme et Saint-Hilaire. Sa troisième division, Legrand, augmentée des chasseurs corses et d'un bataillons des tirailleurs du Pô, formait la droite et occupait Sokonitz et Telnitz. La division Friant, du corps de Davout, arrivée dans la nuit à l'abbaye de Raygern, après une marche de trente-six lieues en deux jours, était en mouvement pour se joindre aux défenseurs de Telnitz. En arrière du centre se trouvaient en réserve la garde impériale et les grenadiers d'Oudinot.

Du côté des Russes, on songeait à faire une belle application des théories de l'ordre oblique, qui était alors très en faveur. La stratégie venait de naître à l'état de science, ou plutôt de théorie avec les écrits de Jomini. Un Allemand, le général Weirother, avait établi un plan d'attaque. Se conformant avec juste raison au principe qu'il faut être fort au point où l'on veut attaquer, il portait sur la droite de Napoléon les trois premières colonnes, c'est-à-dire soixante bataillons, auxquels il faut joindre l'avant-garde du général Kienmayer, et cinq bataillons et trente-deux escadrons. Au centre sur les hauteurs de Pratzen, la 4ᵉ colonne Kollowrath devait déployer ses vingt-sept bataillons sur l'emplacement laissé vide par le départ des trois premières colonnes. Les 82 escadrons du prince de Liechtenstein devaient protéger ce déploiement et le porter à droite, vers la route d'Olmütz. Le prince Bagration devait attaquer le Santon à notre gauche. Enfin, le grand-duc Constantin devait soutenir Bagration et le prince de Liechtenstein avec 10 bataillons et 18 escadrons.

On voit que ce plan procurait une supériorité numérique considérable au point d'attaque et que la réserve était placée de façon à soutenir les parties de la ligne laissées faibles à dessein.

De son côté, Napoléon suivait les mêmes règles ; il se donnait la supériorité numérique au centre où il voulait attaquer, et laissait faible à dessein l'aile droite où il voulait se défendre. On peut trouver même qu'il affaiblissait trop son aile droite ; car il n'avait là que 14 bataillons à opposer aux 65 de l'ennemi. Une partie de ces quatorze bataillons était arrivée dans la nuit à l'abbaye de Raygern, ayant fait trente-six lieues en deux jours et avait encore à marcher pour se joindre à la division Legrand, dont l'extrême droite, renforcée des tirailleurs du Pô, occupait Telnitz. On ne pouvait pas beaucoup compter sur des troupes aussi fatiguées. Au point de vue de la répartition des forces, le plan des Russes valait donc mieux que celui de Napoléon. Quelle apparence, en effet, que quatorze bataillons placés à l'aile droite pussent résister à soixante ! Au centre, au contraire, il était à présumer que les trente-sept bataillons de Kollowrath et du grand-duc Constantin, favorisés par leur position dominante, pourraient soutenir la lutte contre les cinquante qui formaient le centre de l'armée française.

En quoi consistaient donc les défauts de l'un et les qualités de l'autre ? Le plan russe présentait l'inconvénient d'une marche de flanc exécutée sous les yeux de l'ennemi sur une étendue de quatre lieues environ. En second lieu, si le centre russe était percé, la ligne de retraite était absolument perdue. Du côté de Napoléon, pas de marche de flanc, une simple marche en échelons, la droite en avant, et, si l'aile droite était battue, la retraite sur Vienne n'était pas coupée. Car l'on avait encore pour défendre cette route la division Gudin du corps de Davout, arrivée à Nikolsburg, le corps de Mortier à Vienne. De plus, Napoléon se repliait sur la position de Brünn, reconnue à l'avance, et manœuvrait sur le flanc de l'armée russe.

Néanmoins le plan du général Weirother n'était pas sans mérites et devant un autre adversaire eût pu amener des résultats bien différents. S'il fut suivi d'un échec aussi complet, si le désastre fut si profond et notre victoire si éclatante, nous le devons à la prodigieuse résistance opposée par le maréchal Davout, qui n'a jamais eu d'égale que celle qu'il opposait neuf mois plus tard, à Auerstædt, aux bataillons prussiens, et à la précision des mouvements de Napoléon, qui non content d'avoir prévu toutes les dispositions de l'ennemi et de leur opposer la manœuvre la plus juste et la mieux raisonnée, l'exécutait à l'instant précis où elle devait avoir toute la puissance possible.

L'affaire commença du côté de Telnitz. Dès sept heures du matin, le général Kienmayer qui formait l'avant garde des trois colonnes destinées à opérer sur notre droite, cherchait à leur frayer la voie en attaquant ce village. Le 3e régiment de ligne et les tirailleurs du Pô le défendirent avec opiniâtreté contre les cinq bataillons, et la cavalerie autrichienne de Kienmayer s'obstina pendant plus d'une heure, attendant l'arrivée de la première colonne. Elle parût enfin, et de nombreux bataillons furent poussés sur le village; les défenseurs l'évacuèrent alors pour se former en ligne à l'arrière du défilé.

A huit heures du matin, le soleil d'Austerlitz se leva, dissipant les brumes matinales, et laissa voir les hauteurs de Pratzen, occupées la veille par des troupes nombreuses, très faiblement gardées en ce moment : « Soldats, dit l'Empereur, il faut finir cette campagne par un coup de tonnerre. » Les divisions Saint-Hilaire et Vandamme, du maréchal Soult, se portent en avant et gravissent les hauteurs d'un pas ferme et résolu. Le village de Pratzen est à mi-côte dans le pli d'un ravin. Le maréchal comprenant la nécessité d'arriver sur le plateau le plus rapidement possible, ordonne aux deux divisions de ne pas s'arrêter à l'attaque du village, mais de passer outre.

Au même instant le général Kutusoff arrivait sur la crête du plateau. A l'aspect des lignes françaises s'avançant l'arme au bras il court à la 4e colonne (Kollowrath) dont la tête arrivait à peine. Il garnit les crêtes des premières troupes sans garder ni ordre ni rang. Il jette un bataillon dans le village de Pratzen, et un autre sur une hauteur à sa gauche (gauche des Russes) où se trouvait encore un bataillon de la 3e colonne.

La brigade Morand, de la division Saint-Hilaire, ayant passé le village ouvre le feu à 150 mètres de l'ennemi. L'attaque est si vive et si résolue que la première ligne est culbutée. La brigade Thiébault appuie le mouvement. La brigade Varé est en réserve, observant le village de Pratzen. Cette brigade ne doit attaquer que lorsque la division Vandamme sera arrivée à sa gauche. Mais en voyant le succès de la brigade Morand, les soldats ne veulent pas attendre plus longtemps. Ils se jettent sur les derrières du village, renversent ses défenseurs et leur enlèvent leur artillerie.

La division Vandamme arrive en ce moment à gauche de la brigade Varé. Son attaque est aussi rapide et aussi ferme que celle de la division Saint-Hilaire. En un moment les deux lignes russes sont renversées et perdent leur artillerie. Six bataillons autrichiens cherchent à tourner la gauche de Vandamme pour retarder son mouvement. Avantageusement placés sur un mamelon, leur feu arrête un instant la marche de nos fantassins. Mais, assaillis par le général Schiner, à la tête de deux régiments, ils furent mis en pièces en quelques instants.

Pendant ce temps le corps du maréchal Bernadotte et la cavalerie de Murat avaient franchi le ruisseau à la gauche du maréchal Soult. Le grand-duc Constantin, de son côté, avait quitté la hauteur d'Austerlitz pour aller former la réserve de la droite russe. Il devait être couvert dans ce mouvement par la cavalerie du prince de Liechtenstein. Mais cette cavalerie ayant été retardée dans son mouvement par un croisement de colonnes, le grand-duc et la garde russe qu'il conduisait furent obligés de s'arrêter en route pour répondre aux attaques du maréchal Bernadotte. Presque en même temps le général Kutusoff au centre demandait au prince de Liechtenstein de lui envoyer quelques escadrons.

Enfin, à l'extrême droite des Russes, Bagration attaquait le Santon avec la plus rare opiniâtreté; mais il était repoussé par la puissante artillerie qui y était concentrée et cédait le terrain aux attaques non moins opiniâtres des divisions Suchet et Caffarelli.

Ainsi, entre 9 et 10 heures du matin, les réserves russes se trouvaient déjà en première ligne et se voyaient menacées d'être coupées de leur aile gauche.

Kutusoff, voyant le danger, réunissait sur ce centre trop affaibli tout ce qu'il pouvait trouver de troupes; il demandait à sa droite quelques escadrons à sa cavalerie, et à sa gauche quelques bataillons à l'infanterie. Il retenait la dernière brigade de la troisième colonne, qui n'avait pas encore tout à fait quitté le plateau, et la deuxième colonne, déjà loin sur la route de Sokolnitz, faisait rétrograder une de ses brigades pour défendre ce plateau, que l'on venait d'abandonner. Tel était le premier acte de la bataille.

Le second acte est rempli par la lutte des Russes pour reprendre le plateau. A notre droite le général Friant, arrivé de l'abbaye de Raygern, signalait sa venue en reprenant Telnitz, que nous avons vu évacuer par la division Legrand. Il lutta pendant plus d'une heure avec acharnement contre des forces supérieures ; mais les Russes ayant profité d'une méprise d'un bataillon de la division Legrand, qui tira sur nos troupes, le général Friant fut obligé d'abandonner sa conquête, mais il se cramponne au terrain et le dispute pied à pied.

Pendant qu'on luttait à Telnitz contre la première colonne, les deuxième et troisième colonnes étaient descendues de Pratzen et débouchaient sur Sokolnitz, à la gauche du général Friant. La division Legrand, impuissante à lutter contre des forces aussi considérables, leur abandonne Sokolnitz, non sans faire payer cher sa conquête à l'ennemi. Celui-ci, heureux du succès obtenu, pousse ses colonnes sans se soucier de ce qui se passe sur ses derrières et sur le plateau abandonné. Friant va être coupé de l'armée. Davout voit le danger ; il rassemble ses troupes et marche vers sa gauche au-devant de la division Legrand. A l'aspect de ce renfort, celle-ci se précipite sur Sokolnitz. Notre droite est désormais en sûreté, ses liaisons bien assurées. Mais le combat n'est pas fini pour cela; il continue autour des deux villages pendant que la victoire se décide au centre.

Là le général Kutusoff, vaillamment secondé par l'empereur Alexandre, réitère ses attaques furieuses sur les divisions Vandamme et Saint-Hilaire. Celles-ci résistent avec un courage pareil. L'Empereur envoie à leur secours les dragons du général Boyer.

Alors le maréchal Soult ordonne à la division Saint-Hilaire de faire un changement de direction à droite, l'aile gauche en avant. Le général Vandamme reçoit l'ordre de prolonger ce mouvement, et la division Drouet, du corps de Bernadotte, vient prendre sa place ; à gauche de Drouet, la division Rivaud se porte sur Blazowitz. En ce moment l'Empereur franchit le ruisseau à la tête des dix bataillons Oudinot et des dix bataillons de la garde.

L'effet de ce mouvement, exécuté avec tant de justesse et de précision, se faisait sentir aussitôt. Le maréchal Soult descend maintenant des hauteurs de Pratzen sur Augezd et Sokolnitz. Les Russes sont épouvantés de nous voir arriver sur leurs derrières par le même chemin qu'ils ont suivi le matin. Le courage ne leur manque pas ; mais ils sentent bien que la bataille est perdue. Le reste n'est plus que la lutte désespérée de braves gens qui veulent sauver au moins l'honneur des armes.

Le général Doctoroff cherche à sauver ces débris par les étangs de Mönitz et de Saatschan ; mais la glace se rompt sous le poids des fuyards et le tir d'une batterie de la garde.

Pendant ce temps Lannes exécutait à l'aile gauche un mouvement semblable à celui du maréchal Soult. Il poussait la division Caffarelli à droite sur Austerlitz, tandis qu'il marchait de front sur la route d'Olmütz. La défaite du centre laissait l'aile droite sans force, et les derniers rayons du jour voyaient les débris de l'armée russe s'enfuir dans toutes les directions, séparés les uns des autres par les réserves françaises et Napoléon, triomphant, établir son quartier général à Austerlitz, nom d'un village inconnu devenu immortel depuis quelques heures.

De même que Frédéric à Kollin avait vu son aile gauche séparée du centre et l'ennemi percer par l'ouverture ainsi pratiquée, de même à Austerlitz l'aile gauche se séparait un instant du centre et Napoléon, agissant avec une précision miraculeuse, mettait à profit cet instant fugitif, rendait la séparation définitive, et Kutusoff subissait le sort de Frédéric-le-Grand. Mais tandis que l'heureux maréchal Daun remportait une victoire sans avoir rien fait pour la préparer et ne fit rien pour en profiter, Napoléon avait préparé, annoncé la sienne, et ne perdait pas une minute pour profiter de ses conséquences.

GRAVELOTTE, SAINT-PRIVAT.

Après la bataille du 16 août, les corps prussiens, affaiblis par les pertes énormes qu'ils avaient subies et craignant de voir recommencer le combat, se tinrent immobiles autour de Mars-la-Tour, attendant avec impatience l'arrivée des renforts promis.

La Moselle était franchie sur tous les points entre Novéant et Pont-à-Mousson. Les masses épaisses des bataillons ennemis effrayaient les habitants atterrés par ces interminables défilés et par l'aspect des rives toutes noires de troupes. A mesure que ces corps arrivaient épuisés sur le terrain, on leur assignait leur place. Pendant ce temps, les officiers d'état-major parcouraient les avant-postes pour réprimer les ardeurs intempestives ; car il fallait éviter tout engagement tant que l'armée ne serait pas concentrée. Leurs recommandations étaient si bien obéies que l'armée française put venir prendre les positions de Gravelotte et de Saint-Privat, non-seulement sans être troublée, mais même sans être vue. La cavalerie prussienne négligea si bien le service d'explorations qu'elle laissa l'état-major dans l'ignorance complète du mouvement qui s'exécutait sous ses yeux ; les colonnes de poussière soulevées par nos troupes en retraite décelaient leur marche, et rien n'eût été si facile que de deviner leurs mouvements.

L'état-major général monta à cheval vers midi et vint observer le terrain de la hauteur de Flavigny. A 2 heures de l'après-midi, le roi dictait l'ordre suivant :

« Demain 18, à 5 heures du matin, la IIe armée rompra en échelons par la gauche pour s'avancer entre l'Yron et le ruisseau de Gorze : direction générale entre Ville-sur-Yron et Rezonville. Le VIIIe corps appuiera son mouvement à l'aile droite de la IIe armée. Le VIIe corps aura pour première mission de couvrir la marche de la IIe armée contre toute tentative venant de Metz. Les instructions ultérieures de Sa Majesté dépendront des dispositions prises par l'adversaire. Les communications adressées au roi devront être dirigées au début sur la hauteur au sud de Flavigny.

« DE MOLTKE. »

On voit à la lecture de cet ordre qu'il était dicté dans l'ignorance la plus complète du mouvement opéré par l'armée française. Il suppose que le maréchal Bazaine s'est dirigé sur la route de Verdun par Doncourt et il a pour but de la lui couper. Si le maréchal de Moltke eût attendu plus tard, il eût pu donner des ordres plus en rapport avec l'état des choses. Au mois d'août, à deux heures de l'après-midi, il reste encore bien du temps pour s'éclairer sur ce qu'il convient de faire; la situation peut changer du tout au tout pendant la journée même, et les ordres donnés trop tôt peuvent amener des résultats fâcheux. Napoléon ne donnait guère les siens que vers minuit ou une heure du matin, quand tous les rapports lui étaient arrivés. Il résulta de cette ignorance et de cette précipitation que l'armée prussienne allait exécuter une marche de flanc en vue d'une armée en position, opération que les principes de la guerre ont toujours prouvée désastreuse.

Nous avons montré dans une étude précédente que le front prussien se trouvait, à la suite de la bataille du 16, perpendiculaire à notre aile gauche ; qu'il occupait par rapport à nous la même position que le front de Hohenlohe par rapport à celui de Napoléon à la bataille d'Iéna. Il avait un inconvénient que n'avait pas celui de Hohenlohe, c'est que sur ses derrières se trouvaient des défilés difficiles à passer. Il fallait à tout prix sortir d'une position aussi mauvaise. Quelle que fût la solution adoptée, elle exposait à de grands dangers en face d'un adversaire résolu. Celle à laquelle on s'arrêtait était périlleuse, fondée sur des conjectures incertaines, qui furent déjouées par les évenements.

Après avoir dicté l'ordre, l'état-major général rentra à Pont-à-Mousson. C'était encore une faute grave, qu'ont relevée bien des écrivains, mêmes prussiens, d'avoir son quartier général si loin du théâtre probable des événements.

Pour exécuter ces ordres, le général Steinmetz prescrivit au VIIe corps, qui était à Ars, de se maintenir à tout prix dans le bois de Vaux. Il devait être appuyé par le Ier corps qui, placé sur la rive droite de la Moselle, pouvait donner des feux de flanc efficaces. Le VIIIe corps, placé trop loin du général Steinmetz, recevait directement de l'état-major général l'ordre d'appuyer le VIIe.

Le prince Frédéric-Charles ordonnait une marche en échelons vers le nord. Le XIIe corps saxon devait former à gauche l'échelon le plus avancé se dirigeant sur Jarny ; à sa droite et plus en arrière, la garde marchant sur Doncourt, et enfin le IXe corps, formant à la droite le dernier échelon, passait entre Vionville et Rezonville laissant Saint-Marcel à gauche. Derrière les deux intervalles vides à droite et à gauche de la garde prussienne marchaient le IIIe corps, qui devait servir de réserve au IXe, et le Xe, qui devait former la réserve de l'aile gauche.

Cette marche s'exécutait sans obstacle à la vue de nos positions. Le général de Ladmirault, à l'aspect de cette manœuvre si imprévue, envoyait prévenir le maréchal Bazaine de la faute commise par l'ennemi ; mais celui-ci répondait de Plappeville, d'où il ne pouvait rien voir, que ces mouvements étaient sans importance et qu'il n'y avait pas lieu de s'en préoccuper. Il se gardait bien, du reste, de quitter son quartier général pour voir par lui-même.

Cependant l'ennemi s'apercevait bientôt que l'armée française ne se trouvait pas sur la route de Verdun. Vers 10 heures 1/2, l'état-major général expédia un ordre fondé sur la supposition que notre droite ne s'étendait que jusqu'à Amanvillers. Vers 11 heures 1/2 le prince Frédéric-Charles, qui se trouvait plus près des troupes expédiait l'ordre définitif : « L'ennemi est en position sur les hauteurs de Leipzig et du bois de Vaux ; nous l'y attaquerons aujourd'hui, savoir : la garde par Amanvillers, le IXe corps par La Folie, le VIIe et le VIIIe de front. Les corps ci-après suivent en seconde ligne comme soutien : le XIIe corps sur Sainte-Marie, le Xe corps sur Saint-Ail, le IIIe sur Vernéville ; le IIe sur Rezonville. »

Cet ordre, qui fut le dernier, subit de grands changements dans son exécution. Parti d'une hypothèse fausse, basé sur des reconnaissances mal faites, il fut profondément modifié par le développement de la bataille. Le IXe corps dut attaquer Amanvillers et La Folie ; la garde dut se porter au nord d'Amanvillers et attaquer Saint-Privat, et le XIIe corps au lieu de servir de réserve dut se prolonger vers le nord pour se rabattre sur notre aile droite qu'il n'atteignit que fort tard dans la soirée.

Se conformant à l'ordre reçu, le IXe corps entama l'action. A 11 heures 3/4 la batterie d'avant-garde tirait le premier coup de canon. Aussitôt elle fut rejointe par l'artillerie divisionnaire, suivie à peu de distance de l'artillerie de corps. Une petite ondulation de terrain formait une crête arrondie se prêtant à l'emploi de l'artillerie. Sur le premier moment on ne s'aperçut pas que la direction de cette crête prolongée venait ficher dans les positions françaises. L'artillerie avait à peine pris sa place que les canons français et les mitrailleuses, la prenant d'enfilade et d'écharpe, la couvrirent de projectiles. Les Prussiens s'obstinent à conserver leur position. Leur infanterie s'empare de la ferme de Chanterenne qui n'était pas occupée et force à la retraite les défenseurs de L'Envie. Mais la ferme de La Folie et le petit bois placé à côté lui opposent une résistance insurmontable. La 25e division hessoise qui appartient au IXe corps se déploie à gauche de l'artillerie et attire sur elle une partie des feux en attaquant la ferme de Champenois. Malgré ces diversions, l'infanterie placée à Chanterenne était écrasée. Un seul bataillon de fusiliers perdait en quelques minutes 12 officiers et 400 hommes.

Le prince Auguste de Wurtemberg, commandant la garde prussienne, vint offrir au IXe corps le concours de son corps tout entier ; mais le feu avait montré que la position française avait plus d'étendue qu'on ne l'avait supposé, et le général Manstein répondit, avec juste raison, que le meilleur moyen de le soutenir était d'attaquer Saint-Privat. Cependant, il accepta le concours d'une brigade de la garde. Le prince de Wurtemberg, avec le reste de son corps, s'éloigna donc dans la direction du nord, en protégeant sa marche par le feu de quatre batteries divisionnaires déployées sur son flanc.

Les pertes allaient en croissant rapidement. Vers 3 heures, l'artillerie du IXe corps battait en retraite. Les quatre batteries qui protégeaient le flanc de la garde prussienne en faisaient autant et venaient se former en arrière de Saint-Ail. Aussitôt, le prince Frédéric-Charles ordonnait à l'artillerie du IIIe corps de se porter en ligne. Elle vient se placer en arrière de la position primitive pour se soustraire aux feux d'enfilade. Les batteries du IXe corps se rallient sous sa protection. Elles se reforment en empruntant des chevaux aux sections de munitions. Cependant, trois batteries sont complètement désemparées et, vers 4 heures, il n'y a plus en ligne sur le front du IXe corps que quatre compagnies et trois batteries.

A droite du IXᵉ corps, la Iʳᵉ armée avait l'ordre de soutenir le combat sans toutefois prononcer d'attaque. Elle déployait l'artillerie des 14ᵉ et 15ᵉ divisions, ainsi que celle du VIIIᵉ corps. Les engagements se bornèrent de ce côté à l'attaque de quelques bouquets de bois et de la ferme de Saint-Hubert. Il ne fallut pas moins de dix-sept compagnies pour enlever ce dernier obstacle. Un seul bataillon perdit en quelques pas 16 officiers. Le bataillon qui la défendait fut contraint néanmoins à céder au nombre; mais l'ennemi paya cher sa conquête.

Revenons à la garde prussienne que nous avons laissée marchant vers le nord sous la protection de ses quatre batteries divisionnaires. Elle trouva sur sa route le village de Sainte-Marie-aux-Chênes que le maréchal Canrobert avait fait occuper. C'était un obstacle au mouvement projeté. On se demande si le maréchal a eu raison d'entraver le mouvement de l'ennemi, et si un général avisé eût agi de même ? A Austerlitz, Napoléon s'était bien gardé de mettre aucun obstacle au mouvement tournant dessiné par les Russes. Il avait pour principe que lorsque l'ennemi commet une faute, il ne faut pas chercher à l'en empêcher. Mais ici la direction supérieure faisait défaut, et le maréchal Canrobert eut raison, au manque de toute instruction, de défendre tout le terrain qui était devant lui.

La garde ayant déjà disposé d'une brigade et de toute son artillerie divisionnaire, demanda l'appui du XIIᵉ corps. L'artillerie de ces deux corps d'armée foudroya pendant une heure ce village infortuné et, à 3 heures 1/2, le village fut enlevé par quinze bataillons. C'eût été le cas pour l'artillerie française de diriger son feu sur cet amas de troupes incohérentes, mais on n'en fit rien. La garde et le XIIᵉ corps reconstituèrent leurs unités. Le XIIᵉ corps reprit sa marche interrompue vers le nord et la garde se prépara à l'attaque de Saint-Privat.

A l'aile droite des Prussiens on continuait à combattre autour de Saint-Hubert. L'artillerie française ayant sensiblement ralenti son feu, le général Steinmetz croit le moment décisif arrivé. Il fait avancer quatre batteries sur le Point-du-Jour, suivies d'une nombreuse cavalerie. Mais, en quelques instants, batteries et escadrons sont renversés par un feu épouvantable. Nos soldats franchissent les tranchées-abris, se précipitent sur la ferme de Saint-Hubert que l'ennemi évacue en désordre. Ce retour offensif est arrêté par la 29ᵉ brigade, qui maintient le combat, mais sans parvenir à avancer. Les attaques dirigées sur la ferme de Moscou ne sont pas plus heureuses.

Mais, sur ces entrefaites, le roi suivi de l'état-major général arrive sur cette route de Gravelotte si disputée. Le général Steinmetz avait envoyé des officiers inviter le roi à assister au dénouement de la bataille. A la vue de son peu de succès, il avait envoyé, mais trop tard, retirer l'invitation. Maintenant, le roi était présent. Le IIᵉ corps arrivait enfin pour prêter secours aux VIIᵉ et VIIIᵉ épuisés. Steinmetz se résout à une nouvelle attaque.

Il était cinq heures du soir. A ce même moment, la garde prussienne attaquait les hauteurs de Saint-Privat. Tout le monde sait avec quel courage et au prix de quelles pertes. En un quart d'heure elle perdit 8,600 hommes. L'histoire connaît peu d'attaque si meurtrière, et cependant les Prussiens n'abandonnent pas le terrain; ils s'y cramponnent, attendant la charge qui va venir. Le XIIᵉ corps marche vers le nord, il a encore un long chemin à faire pour tourner l'aile droite des Français. Si la charge arrive, il ne pourra secourir la garde; le IXᵉ corps est épuisé et, loin de secourir les autres, il n'a que trop besoin des secours du IIIᵉ corps, mal remis de ses pertes de l'avant-veille.

En ce moment, par la force des choses, sans qu'on eût fait aucune combinaison, le centre prussien était à bout de forces, les Saxons presque séparés par la longueur de leur mouvement, et le maréchal Bazaine était dans la position de Napoléon à Austerlitz. C'était le moment de pousser une charge formidable sur le centre, d'y appeler la garde impériale toute fraîche encore, la réserve d'artillerie, les divisions de cavalerie dont aucune n'avait donné et de faire suivre cette réserve par tout ce qui pouvait marcher encore du 3ᵉ et du 4ᵉ corps. Le 3ᵉ corps, protégé par les tranchées-abris, avait peu souffert. Notre droite était tournée par les Saxons; eh bien! le maréchal Canrobert jouerait à Saint-Privat, le rôle de Davout à Sokolnitz. Il était de taille à le faire et on ne pouvait pas lui couper la retraite.

Certes, on ne peut affirmer que ce mouvement dût réussir. Nous savons trop bien qu'il est aisé de faire sur le papier de belles combinaisons, des attaques d'un résultat infaillible. Mais, puisqu'on ne peut renouveler la guerre, il faut bien étudier les combats passés et se contenter des résultats de l'étude. On se garantira de l'erreur en se répétant à chaque conclusion qu'on n'est arrivé qu'à des résultats probables, qu'il ne faudra pas les prendre pour des réalités. Moyennant ces précautions, l'étude ne pourra nous tromper.

Pourquoi ne répondit-on pas par une attaque générale ? Pourquoi les réserves restèrent-elles immobiles ? Pourquoi le maréchal Canrobert, se voyant débordé, battit-il en retraite ? Nous le savons tous. C'est que sur ce champ de bataille où se jouait la destinée de la France, qui, depuis six heures, se couvrait de morts et de blessés, où tous nos soldats combattaient avec un héroïsme auquel l'ennemi a rendu hommage, où quiconque eût abandonné son poste eût été puni par ses propres camarades, il ne manquait qu'un seul homme, le général en chef.

Il est inutile que je pousse plus loin le récit de cette bataille, que je raconte la défense de Saint-Privat contre les Saxons et la garde prussienne, l'arrivée tardive de la garde impériale et de la réserve d'artillerie, ni les attaques retentissantes et si piteusement échouées des tranchées-abris du 2e corps, sous les regards du roi de Prusse et de tout l'état-major lançant ces troupes à l'assaut. Il me suffit d'avoir montré que, par la force des choses et sans aucune combinaison de la part de l'armée française, la marche de flanc de l'ennemi a reproduit à très peu de chose près les mêmes accidents que celles de Kollin et d'Austerlitz, et qu'il n'est pas absurde de penser que si elle n'a pas conduit au même résultat, c'est que le maréchal Bazaine ne peut pas même être comparé au maréchal Daun, le vainqueur de Kollin.

LEUTHEN.

L'étude de trois batailles nous a montré les inconvénients d'une marche de flanc en présence d'une armée en position. Il nous reste à montrer comment cette manœuvre doit se faire pour conduire à la victoire probable. Si nous disons victoire probable, c'est qu'il ne faut pas oublier que la stratégie ne donne pas la victoire, que c'est la tactique seule qui l'assure et quelquefois en dépit de la stratégie. Les Allemands, amateurs de grands mots, disent qu'il faut à la victoire stratégique joindre la victoire tactique. Gouvion-Saint-Cyr avait dit avant eux d'une façon tout aussi savante, mais bien plus claire et plus française, que l'exécution décide de tout, qu'elle peut faire manquer le plan le plus logique et réussir le plus mauvais ; qu'en un mot, il faut battre l'ennemi, que rien n'a de valeur effective sans cette sanction finale. Ainsi, pour citer un exemple, je crois que personne ne doutera que si, à la journée d'Austerlitz, l'armée française eût occupé les positions de l'armée russe et qu'inversement celle-ci eût joué le rôle de la première, la victoire n'aurait pas pour cela abandonné Napoléon ; que son centre eût résisté à l'attaque russe tout comme Davout à sa droite, et que la droite russe occupant Sokolnitz eût été culbutée sans grande peine. Il est probable que si la chose se fût ainsi produite, pas un critique n'eût relevé la faiblesse du plan d'attaque et que la manœuvre forte et précise accomplie par l'armée russe, mais suivie de la défaite, n'eût trouvé que des détracteurs. La capitulation d'Ulm ne fut assurée que par le fait d'armes de la division Dupont. A Auerstædt, la stratégie était en défaut, le corps de Davout était en face de forces bien supérieures. L'exécution corrigea les défauts du plan. La victoire fut complète pour nous. La tactique sauva ce que la stratégie avait compromis.

Voici les règles données par Jomini pour l'exécution des marches de flanc :

« 1° S'il est reconnu que les attaques les plus avantageuses sont celles qui s'opèrent par un effort concentré sur une seule extrémité de la ligne ennemie, il devient indispensable de prendre ses mesures pour gagner cette extrémité en masquant ses mouvements ;

« 2° En négligeant cette précaution, l'ennemi pourra suivre la marche des colonnes qui veulent le déborder, leur présenter toujours son front, ou les prendre elles-mêmes en flanc, ainsi que cela est arrivé à Rosbach ;

« 3° On cachera sa marche, soit au moyen de l'obscurité, soit à la faveur du terrain, ou enfin par une fausse attaque sur le front de l'ennemi qui fixerait toute son attention de ce côté.

« Les deux derniers moyens sont préférables surtout lorsqu'on peut les réunir, parce que les mouvements de nuit sont moins sûrs, moins réguliers que ceux de jour. »

A Kollin, à Austerlitz, à Gravelotte, on ne se conforma en rien à ces prescriptions. Le maréchal Daun gagna la première bataille sans grand effort d'imagination en se contentant de quelques mouvements qui amenèrent la rupture de l'armée prussienne.

A Austerlitz, Napoléon qui avait deviné les projets des Russes, comme s'il les leur eût inspirés, répondit par la manœuvre contraire, joua le coup juste, comme on dit aux échecs, avec une sagacité et une précision réellement merveilleuses. A Gravelotte, l'armée française resta immobile derrière ses lignes et ne sut pas profiter des avantages que la marche de l'ennemi lui avait assurés.

La bataille de Leuthen présente l'exemple d'une marche de flanc exécutée dans de bonnes conditions et suivie d'un succès complet. C'est par l'analyse de cette bataille que nous terminerons cette étude.

La campagne de 1757 avait été heureuse pour Frédéric II. Il avait, le 2 novembre, battu l'armée française à Rosbach. Mais sa joie fut de courte durée, car il reçut de la Silésie les plus mauvaises nouvelles. Les Autrichiens, commandés par le prince Charles de Lorraine s'étaient emparés de Schweidnitz, avaient battu à Breslau le duc de Bevern, avaient fait ce général prisonnier dans une reconnaissance; la place de Breslau avait capitulé, les régiments silésiens avaient fait défection ; enfin, la désertion avait pris des proportions telles que onze bataillons réunis ne comptaient pas plus de 400 baïonnettes. Le général Ziethen avait pris le commandement de cette armée réduite à 15,000 hommes.

Le roi, tranquillisé par la bataille de Rosbach sur la Saxe, s'était de suite mis en marche sur la Silésie et y arrivait le 3 décembre, avec ses troupes harassées par les marches longues et rapides qu'elles avaient fournies. Les deux armées réunies ne comptaient pas plus de 30,000 hommes. Les Autrichiens en comptaient plus de 80,000 hommes. Enorgueillis par deux victoires récentes, confiants dans la supériorité du nombre, ils railliaient l'armée prussienne, qu'ils appelaient la parade de Postdam. Le roi ne perdit pas courage. Il rassembla tous les généraux et colonels, leur fit connaître tous ses revers et leur dit qu'il comptait plus que jamais sur leur zèle, leur bravoure, leur amour de la patrie; il les chargea de dire aux officiers et même aux soldats qu'ils eussent à se préparer à de grandes actions, qu'ils devaient songer à s'acquérir la même gloire que leurs camarades qui, un mois avant, jour pour jour, avaient battu l'armée française; qu'ils eussent à attaquer l'ennemi partout où ils le rencontreraient, sans songer à la supériorité du nombre, et qu'ils sauraient, par leur bravoure et leur intrépidité, sauver l'honneur des armes. C'est ainsi que Frédéric, comme tous les grands capitaines, relevait le moral de ses troupes et les associait à ses desseins. Cela fait, il prit ses dispositions pour marcher à l'ennemi.

Le 4 décembre, l'armée se mit en marche sur quatre colonnes, dans la direction de Parchewitz à Neumark. L'armée était divisée normalement en deux lignes ayant la cavalerie sur les deux flancs et l'infanterie au centre. Chaque ligne était divisée en aile droite et aile gauche. On se mit en marche, l'aile droite en avant : la première colonne formée de la cavalerie de l'aile droite des deux lignes, la deuxième, de l'infanterie de l'aile droite des deux lignes, la troisième, de l'infanterie de l'aile gauche, et la quatrième, de la cavalerie de cette aile.

L'avantage de cet ordre est que toute l'armée pouvait à tout instant se former en bataille sur deux lignes, au moyen d'une simple conversion exécutée par chaque fraction de la ligne. Frédéric arrivait ainsi à un déploiement très rapide, et l'attaque se dessinait avec une grande vivacité.

Il y a très loin de cet ordre de marche si simple à l'ordre adopté par l'armée prussienne le 18 août 1870. D'après l'ordre du prince Frédéric-Charles, les corps d'armée devaient marcher par divisions en masse. Il en résultait que la première division se portant sur le flanc pour faire face à l'armée française devait attendre longtemps le secours de la suivante à qui il fallait le temps nécessaire pour se déployer. Si les Français eussent attaqué pendant ce déploiement, ils l'eussent rendu impossible, car l'expérience de l'histoire est là pour montrer qu'une troupe attaquée pendant qu'elle est en marche est presque toujours exposée à un désastre. Les Français n'en profitèrent pas, nous ne le savons que trop, malgré les avis du général de Ladmirault. Il est vrai qu'on ne peut pas faire marcher une armée aussi forte que celles de 1870 dans un ordre aussi simple que les 30,000 hommes de Frédéric, mais on eût pu diminuer les difficultés et les longueurs du déploiement. On a vu, en effet, que les Saxons ne purent entrer en ligne que fort tard, alors que le IXe corps et la garde prussienne écrasés eurent compromis le résultat.

Ces colonnes étaient précédées d'une avant-garde, formée d'une dizaine de bataillons, de tous les hussards, des dragons de l'aile droite et d'une batterie de dix pièces de 12. Elle rencontra à Neumarck un corps de 4,000 Croates qui furent sabrés ou faits prisonniers. L'armée campa autour de Neumarck. On apprit alors que l'armée autrichienne s'était portée en avant de Schweidnitz, avait franchi le ruisseau qui porte le nom de cette ville.

Le 5 décembre, on marcha dans le même ordre. La cavalerie de l'avant-garde surprit le corps du général Nostitz, posté près Borna, prit ou tua un millier de cavaliers. Pendant ce temps, l'infanterie se jeta dans les broussailles, en avant des villages de Polkendorf, Lampersdorf et Katlau, pour protéger cette attaque.

On put alors reconnaître l'ennemi. Il était formé : la droite au bois de Nippern et au village de ce nom, obstacles solides, le front en arrière des villages de Frobelwitz et de Leuthen ; l'aile gauche entre Leuthen et Sageschutz. Un corps de cavalerie placé en potence en arrière de l'aile gauche la reliait aux marais de Gohlau. Frédéric prit immédiatement son parti, il poussa l'avant-garde en avant pour occuper l'ennemi et quand les têtes de colonnes arrivèrent, il les fit changer de direction à droite en masquant son mouvement derrière une ligne de petits mamelons, courant presque parallèlement au front de l'ennemi, dont l'aile gauche, avons-nous dit, allait de Leuthen à Sageschutz et se terminait par un crochet en arrière, sur l'étang de Gohlau.

Après ce changement de direction, les quatre colonnes se trou-
vèrent n'en former plus que deux, composées l'une des troupes
de première ligne, l'autre de celles de seconde.

A l'aspect de l'avant-garde qui continuait son mouvement, le
comte de Lucchesi, qui commandait l'aile droite autrichienne, se
persuada qu'il allait être attaqué et demanda des renforts au
maréchal Daun. Celui-ci résista d'abord à ses sollicitations, puis
ne voyant devant lui aucun mouvement, finit par y céder et
marcha avec sa réserve vers le comte de Lucchesi. Pendant que
les Autrichiens fortifiaient ainsi leur aile droite, l'armée prussienne continuait son mouvement avec une régularité parfaite.
Le roi, avec quelques hussards, suivait les crêtes qui séparaient
les deux armées et observait les Autrichiens, tout en dirigeant la
marche de ses troupes. Il se rendit compte que l'ennemi avait
son aile droite fortement appuyée à Nippern et au bois de Lissa,
tandis que l'aile gauche était sur un tertre, chargé de sapins,
mais mal appuyée. En se rendant, dès le début, maître de cette
position, on gagnait l'avantage du terrain, parce qu'il va toujours
en descendant de là vers Leuthen et Nippern. Pendant ce temps,
l'avant-garde, que nous avons laissée en position, tiraillait autour
de Frobelwitz, en face de Nippern, occupant ainsi l'aile droite et
la réserve.

Vers 1 heure, les têtes de colonnes étaient arrivées en face de
la gauche autrichienne, sans que l'ennemi eût aperçu son mouvement.

L'avant-garde formée comme nous l'avons dit de dix bataillons
quitta sa position et vint se placer en tête de l'armée. Le maréchal Daun prit ce mouvement pour une retraite et dit : « Ces
gens-là s'en vont, laissons-les faire. » Arrivée en position, l'avant-
garde, sous les ordres de M. de Wedell, se forma en échelons
par bataillons à 50 mètres de distance. Immédiatement, elle attaqua l'aile gauche autrichienne qu'elle culbuta assez vite. Les généraux autrichiens, se voyant tournés et pris en flanc, voulurent,
mais trop tard, se former parallèlement à l'armée prussienne.
« Tout l'art du roi, dit le grand Frédéric, consista à ne pas leur
en laisser le temps. »

Les Prussiens s'établirent sur une hauteur qui commande le
village de Leuthen ; quand l'ennemi voulut jeter de l'infanterie
dans le village, il en fut empêché par le feu d'une batterie de

vingt pièces. Pendant ce temps, M. de Wedell continuait à marcher en avant, surmontant les efforts que l'ennemi faisait pour rester maître du terrain, et Ziethen mettait en fuite la cavalerie autrichienne.

Sur ces entrefaites, les officiers qui surveillaient la droite ennemie prévinrent le roi qu'elle traversait le bois de Lissa et allait paraître dans la plaine. A son arrivée, le roi la fit mitrailler par son artillerie et charger par la cavalerie. L'infanterie n'eut pas le temps de se former. Elle fut prise en flanc et deux régiments furent faits prisonniers. Le roi fit alors enlever Leuthen sans grande peine. Mais en débouchant du village, on trouva une forte ligne d'infanterie que l'ennemi était parvenu à réunir près d'une éminence que dominait un moulin à vent près de Sageschutz. L'armée du roi eut quelque temps à souffrir du feu de cette infanterie. Heureusement, le général de Wedell ayant triomphé de la résistance de l'aile gauche s'était porté obliquement en avant. Il se trouva, par suite de sa marche, sur le flanc et les derrières de cette troupe qui prit la fuite.

Le roi poursuivit l'ennemi vers Nippern et Lissa, ramassant dans sa marche de l'infanterie, de la cavalerie et un grand nombre d'hommes débandés.

Telle fut la bataille de Leuthen ; voici le jugement porté par Napoléon :

« La bataille de Leuthen est un chef-d'œuvre de mouvements, de manœuvres et de résolution ; seule, elle suffirait pour immortaliser Frédéric et lui donner rang parmi les plus grands généraux. Il attaqua une armée plus forte que la sienne et victorieuse, avec une armée composée en partie des troupes qui viennent d'être battues, et remporte une victoire complète sans l'acheter par une perte disproportionnée avec le résultat.

« Toutes les manœuvres à cette bataille sont conformes aux principes de la guerre ; il ne fait pas de marche de flanc devant l'ennemi, car les deux armées ne se sont pas vues en bataille. L'armée autrichienne, qui connaît l'approche de l'armée du roi par les combats de Neumarck et de Borne, s'attend à la voir prendre position sur les hauteurs qui lui sont opposées, et c'est pendant ce temps que, protégé par un mamelon et des brouillards et masqué par son avant-garde, le roi continue sa marche et va attaquer l'extrême gauche de l'armée autrichienne.

« Il ne viole pas non plus un deuxième principe, non moins sacré, celui de ne point abandonner la ligne d'opérations ; mais il en change, ce qui est considéré comme la manœuvre la plus habile qu'enseigne l'art de la guerre.

« En effet, une armée qui change sa ligne d'opérations trompe l'ennemi, qui ne sait plus où sont ses derrières et les points délicats par où il peut le menacer. Par sa marche, Frédéric abandonna la ligne d'opérations de Neumarck et prit celle de la haute Silésie ; l'audace et la rapidité de l'exécution, l'intrépidité des généraux et des soldats a repondu à l'habileté de la manœuvre. Car ici, Daun a fait, une fois engagé, tout ce qu'il devait faire et n'a pas réussi. Trois fois, il a essayé de refuser sa gauche et son centre par un à-gauche en arrière en bataille ; il a même fait avancer sa droite pour inquiéter la ligne d'opérations de Neumarck, qu'il supposait être encore celle du roi ; il a donc fait tout ce qui était prescrit en pareille circonstance. Mais la cavalerie et les masses prussiennes arrivèrent constamment sur ces troupes avant qu'elles eussent eu le temps de se former. »

On voit que le roi a appliqué toutes les règles données par Jomini pour les marches de flanc, et que c'est pour s'y être conformé qu'il a pu tirer de sa position, presque perpendiculaire au front des ennemis, tous les avantages qu'elle procure, avantages si bien mis à profit par Napoléon à Iéna et si peu par le maréchal Bazaine à Mars-la-Tour.

174